Biblioteca **Âyiné**

Joseph Brodsky

Âyiné

Biblioteca Âyiné 27

Joseph Brodsky
Sobre o exílio
The condition we call exile
Nobelevskaja reč'
Acceptance speech

© Joseph Brodsky, 1988
The condition we call exile
© The Nobel Foundation, 1987
Nobelevskaja reč'
e Acceptance speech
© Editora Âyiné, 2022

TRADUÇÃO
André Bezamat
[*Uma face incomum*
e Discurso de aceitação]
Denise Bottmann
[*A condição chamada exílio*]

PREPARAÇÃO
Mariana Delfini

REVISÃO
Fernanda Alvares

IMAGEM DE CAPA
Julia Geiser

PROJETO GRÁFICO
Daniella Domingues

ISBN 978-65-5998-058-1

Âyiné

DIREÇÃO EDITORIAL
Pedro Fonseca

COORDENAÇÃO EDITORIAL
Luísa Rabello

DIREÇÃO DE ARTE
Daniella Domingues

COORDENAÇÃO DE COMUNICAÇÃO
Clara Dias

ASSISTÊNCIA DE DESIGN
Laura Lao

CONSELHO EDITORIAL
Simone Cristoforetti
Zuane Fabbris
Lucas Mendes

Praça Carlos Chagas, 49. 2º andar.
Belo Horizonte 30170-140
+55 31 3291-4164
www.ayine.com.br | info@ayine.com.br

Sobre
o exílio
Joseph
Brodsky

TRADUÇÃO
André Bezamat
Denise Bottmann

Âyiné

9	A condição chamada exílio
39	«Uma face incomum»
71	Discurso de aceitação

A condição chamada exílio[1]

Enquanto estamos aqui reunidos, neste belo salão iluminado, nesta noite fria de dezembro, para debater o problema do escritor no exílio, paremos por um minuto para pensar naqueles que, muito naturalmente, não conseguiram estar aqui presentes. Imaginemos, por exemplo, os *Gastarbeiters* [trabalhadores convidados] turcos vagueando pelas ruas da Alemanha Ocidental, sem entender ou invejando a realidade a seu redor. Ou imaginemos os refugiados vietnamitas nos botes enfrentando o alto-mar ou já assentados em algum lugar do interior australiano. Imaginemos os imigrantes mexicanos se arrastando pelas ravinas do sul da Califórnia, passando pela polícia

---

1   Este texto foi redigido para uma conferência sobre exilados, realizada pela Wheatland Foundation em Viena, em dezembro de 1988.

de fronteira e entrando no território dos Estados Unidos. Ou imaginemos os carregamentos de paquistaneses desembarcando em algum ponto do Kuwait ou da Arábia Saudita, ansiosos para trabalhar em serviços braçais que os locais, com a riqueza do petróleo, não aceitam fazer. Imaginemos as multidões de etíopes andando a pé pelo deserto até a Somália – ou é o contrário? – para fugir da fome. Bom, podemos parar por aqui, porque já transcorreu o minuto que pedi à imaginação, embora essa lista ainda pudesse aumentar muito. Nunca ninguém contou essas pessoas e ninguém, inclusive as organizações de assistência da ONU, jamais as contará: são milhões, escapam à contagem e constituem o que é chamado – por falta de termo melhor ou de um maior grau de compaixão – de migração.

Seja qual for o nome mais adequado para tais pessoas, sejam quais forem seus motivos, suas origens e destinações, seja qual for o impacto sobre as sociedades que estão abandonando e sobre as sociedades a que se dirigem, uma coisa é absolutamente clara: eles tornam muito difícil falar com honestidade sobre as dificuldades do escritor no exílio.

Mesmo assim, precisamos falar; e não só por ser fato sabido que a literatura, tal como a pobreza, cuida dos seus, mas ainda mais por causa da velha crença, talvez infundada, de que o desgoverno e o sofrimento que levam milhões ao êxodo poderiam diminuir caso houvesse uma melhor leitura dos grandes mestres deste mundo. Como não há muita coisa que possa servir de base para nossas esperanças de um mundo melhor, como tudo o mais parece falhar de um modo ou de outro, precisamos sustentar de alguma maneira que a literatura é a única forma de segurança moral de uma sociedade, que ela é o antídoto permanente ao princípio do «homem como lobo do homem», que ela oferece o melhor argumento contra qualquer tipo de solução coletiva que opere feito um trator – quando menos porque a diversidade humana é o que compõe a literatura e é sua *raison d'être*.

Precisamos falar porque precisamos insistir que a literatura é a grande mestra – certamente maior do que qualquer religião – da sutileza humana, e que uma sociedade, ao interferir na existência natural da literatura e na capacidade humana de aprender com a literatura, reduz seu potencial, diminui o ritmo de sua evolução e em última análise põe em risco, talvez, sua própria estrutura. Se isso significa que precisamos falar sobre nós mesmos, que seja: não por nós mesmos, mas talvez pela literatura.

Os *Gastarbeiters* e os refugiados de qualquer linhagem realmente tiram os louros do escritor exilado, quer eles gostem ou não. O lugar-comum deste século são o desenraizamento e a inadequação. E o que nosso escritor exilado tem em comum com um *Gastarbeiter* ou um refugiado político é que, em ambos os casos, trata-se de um homem fugindo do pior para o melhor. A verdade é que só é possível se exilar de uma tirania numa democracia. Pois a velha questão do exílio não é mais o que costumava ser. Não é mais sair de Roma civilizada e ir para a Sarmácia inculta, não é mandar um homem da Bulgária, digamos, para a China. Não; como regra, o que acontece é uma transferência de um lugar atrasado para uma sociedade industrialmente avançada, com a última palavra sobre a liberdade individual. E cabe acrescentar que, para um escritor exilado, tomar esse caminho equivale em muitos aspectos a voltar para casa – porque significa aproximar-se da sede dos ideais que sempre lhe serviram de inspiração.

Se tivéssemos de atribuir um gênero à vida do escritor exilado, haveria de ser a tragicomédia. Devido à sua encarnação anterior, ele é capaz de apreciar as vantagens sociais e materiais da democracia com uma intensidade muito maior do que os que nasceram nela. Mas, precisamente pela mesma razão (cujo principal efeito colateral é a barreira linguística), ele se vê total- mente incapaz de desempenhar qualquer papel significativo em sua nova sociedade. A democracia à qual ele chegou lhe oferece segurança física, mas torna-o socialmente insignificante. E a falta de significância é aquilo que nenhum escritor, exilado ou não, pode aceitar.

Pois é a busca de significância que muitas vezes constitui o resto de sua carreira. Para dizer o mínimo, muitas vezes é a consequência de uma carreira literária. No caso do escritor exilado, é quase invariavelmente a causa de seu exílio. E aqui sentimos uma enorme tentação de acrescentar que a existência desse desejo num escritor é seu reflexo condicionado em reação à estrutura vertical de sua sociedade de origem. (Da parte de um escritor vivendo numa sociedade livre, a presença desse desejo evidencia a memória atávica que toda democracia guarda de seu passado não constitucional).

Nesse aspecto, a situação de um escritor exilado é, de fato, muito pior do que a de um *Gastarbeiter* ou do refugiado habitual. Seu desejo de reconhecimento o deixa insatisfeito e indiferente à sua renda como docente, palestrante, editor de alguma pequena revista ou simples colaborador – pois são essas, hoje em dia, as profissões mais comuns dos autores exilados –, mais alta do que o salário de um trabalhador braçal. Isto é, nosso homem é um pouco corrupto, quase por definição. Mesmo assim, um escritor satisfeito com a insignificância, a indiferença e o anonimato é coisa tão rara de se ver quanto uma cacatua no polo Norte, mesmo nas melhores circunstâncias possíveis. É uma atitude praticamente inexistente entre os escritores exilados. Inexistente pelo menos aqui neste salão. É compreensível, claro, mas mesmo assim não menos triste.

É triste e entristecedor porque, se há algo de bom no exílio, é o fato de ensinar a humildade. Podemos ir mais longe e sugerir que o exílio é a lição suprema dessa virtude. E isso é especialmente precioso para um escritor, porque lhe dá a perspectiva mais ampla possível. «E avanças em humanidade», como disse Keats. Perder-se na humanidade, na multidão – multidão? – entre bilhões; tornar-se uma agulha naquele famoso palheiro – mas uma agulha que é procurada por alguém: é disso que se trata quando falamos em exílio. Abandona tua vaidade, diz ele, não passas de um grão de areia no deserto. Mede-te não por teus pares escritores, mas pela infinidade humana: é quase tão terrível quanto a inumana. É a partir daí que deves falar, e não a partir de tua inveja ou ambição.

Desnecessário dizer que não se dá ouvido a tal apelo. De certa forma, um comentador da vida tem mais apreço por sua posição do que por seu objeto, e, estando no exílio, considera essa sua posição já melancólica o bastante para não a agravar ainda mais, e tais apelos lhe parecem inadequados. Talvez tenha razão, embora os apelos à humildade sempre sejam oportunos. Pois a outra verdade é que o exílio é uma condição metafísica. Pelo menos tem uma dimensão metafísica muito clara, muito marcada, e ignorá-la ou evitá-la é enganar a si mesmo quanto ao significado do que lhe aconteceu, é se condenar a ficar perpetuamente na extremidade passiva das coisas, a se petrificar na posição de vítima que não compreende o que se passa.

É pela falta de bons exemplos que não se pode apresentar outra conduta (mesmo que Miłosz ou Musil nos venham à mente). E talvez seja melhor assim, pois estamos aqui, evidentemente, para falar sobre a realidade e não sobre a potencialidade do exílio. E essa realidade consiste na luta e na conspiração constante do escritor exilado em recuperar sua significância, seu papel instigador, sua autoridade. Sua principal consideração é, naturalmente, o povo de sua terra de origem; mas ele também quer dar as cartas no meio pernicioso de seus colegas *exilés*.

Fazendo-se de avestruz quanto ao aspecto metafísico de sua situação, ele se concentra no imediato e no concreto. Isso significa denegrir os colegas em dificuldades semelhantes, manter polêmicas virulentas com publicações rivais, dar inúmeras entrevistas para a BBC, Deutsche Welle, ORTF e Voice of America, publicar cartas abertas, dar declarações à imprensa, ir a conferências – escolham à vontade. A energia antes dedicada às filas de alimentos ou à espera em salas emboloradas da pequena burocracia agora se liberta e se expande sem freios. Sem ninguém para refreá-lo, muito menos os mais próximos (pois agora ele próprio é, por assim dizer, a mulher de César, acima de qualquer suspeita – como sua esposa, talvez até letrada mas idosa, iria corrigir ou contradizer aquele seu comprovado mártir?), seu ego se infla rapidamente e por fim, cheio de CO_2, o alça acima da realidade – principalmente se mora em Paris, onde os Mongolfier criaram precedentes.

Voar de balão é sempre precipitado e, acima de tudo, imprevisível: é muito fácil se tornar joguete dos ventos, neste caso dos ventos políticos, que podem ser tudo, menos zéfiros. Não admira que nosso navegador ouça atentamente todas as previsões atmosféricas e às vezes arrisque ele mesmo a fazer previsões meteorológicas. Isto é, não das condições atmosféricas de onde parte ou nas quais se encontra durante o percurso, mas de seu destino, pois nosso balonista toma invariavelmente o rumo de casa. E talvez a terceira verdade nessa questão seja que um escritor no exílio é, de modo geral, um ser retrospectivo e retroativo. Em outras palavras, a retrospecção desempenha um papel excessivo em sua existência – em comparação àquilo que acontece na vida de outras pessoas –, jogando sombra sobre sua realidade e embaçando o futuro, tornando-o mais cerrado que a névoa habitual. Como o falso profeta do Inferno de Dante, ele tem a cabeça sempre voltada para trás, e suas lágrimas ou saliva escorrem por entre as escápulas. Não vem ao caso se ele é elegíaco por natureza ou não: condenado a um pequeno público no estrangeiro, não pode deixar de relembrar, saudoso, a multidão, real ou imaginária, que deixou para trás. Se aquele o enche de malévolo amargor, esta lhe alimenta a fantasia. Mesmo tendo agora a liberdade de viajar, mesmo tendo realmente viajado um pouco, ele continuará a escrever sobre o material familiar de seu passado, produzindo, por assim dizer, as continuações de suas obras anteriores. Consultado a esse respeito, o escritor exilado muito provavelmente evocará a Roma de Ovídio, a Florença de Dante e – após uma breve pausa – a Dublin de Joyce.

De fato, temos uma linhagem, e muito mais longa do que esta. Se quisermos, podemos remontar a Adão. Apesar disso, deveríamos prestar atenção ao lugar que ela tende a ocupar na mente do público e em nossa própria mente. Todos sabemos o que acontece a muitas famílias nobres ao longo das gerações ou durante uma revolução. As árvores da genealogia nunca formam nem obscurecem a floresta; e o trabalho do lenhador avança. Aqui estou misturando metáforas, mas talvez eu possa me justificar observando que, mais do que imodesto, é imprudente esperar para nós o tipo de futuro que associamos àqueles poucos acima citados. É claro que um escritor sempre pensa em si em termos póstumos; e um escritor exilado ainda mais, movido não tanto pelo esquecimento artificial a que está sujeito por seu antigo estado, e sim pela maneira como a crítica em praça pública se entusiasma por seus contemporâneos. Apesar disso, ele deve ser prudente nesse tipo de autodistanciamento, pela simples razão de perceber que, com a explosão populacional, a literatura também assumiu as dimensões de um fenômeno demográfico.

É simples: hoje há escritores demais por leitor. Uns vinte anos atrás, um adulto pensando em livros ou autores ainda por ler chegaria a trinta ou quarenta nomes; atualmente, esses nomes se contam aos milhares. Hoje, alguém entra em uma livraria como em uma loja de discos, lotada de gravações de grupos e solistas que não daria para ouvir nem durante uma vida inteira. E, entre esses milhares, são pouquíssimos os exilados ou os especialmente bons. Mas o público lerá a obra dos outros e não a dele, apesar de sua aura, não por má vontade nem por falta de orientação, mas porque, estatisticamente, o público se alinha pela normalidade e pela mediocridade. Em outras palavras, o leitor quer ler sobre si mesmo. Em qualquer rua de qualquer cidade do mundo, a qualquer hora do dia ou da noite, há mais gente que nunca ouviu falar de você do que o inverso.

O interesse atual pela literatura dos exilados tem a ver, claro, com o surgimento de tiranias. Essa talvez seja a nossa oportunidade de sermos lidos no futuro, embora também seja o tipo de garantia que gostaríamos de poder dispensar. Em parte por causa desse nobre impedimento, mas principalmente por não poder pensar no futuro a não ser nos deslumbrantes termos de um retorno triunfal, o autor exilado se prende a suas armas. E por que não? Por que haveria de tentar outros meios, por que se incomodaria em sondar o futuro de outra maneira, visto que, de todo modo, ele é mesmo imprevisível? O bom e velho material lhe serviu bem pelo menos uma vez: valeu-lhe o exílio. E o exílio, ao fim e ao cabo, é uma espécie de sucesso. Por que não fazer mais uma tentativa? Por que não forçar mais um pouco o bom e velho material? Tirando todo o resto, ele agora constitui um material etnográfico e calha muito bem para seu editor ocidental, setentrional ou (se o autor está encrencado com uma tirania de direita) até oriental. E sempre há a chance de criar uma obra-prima quando você volta ao mesmo tema, possibilidade que também não escapa aos olhos de seu editor, ou de pelo menos poder oferecer a futuros estudiosos a ideia de que haveria «um mito em construção» em sua obra.

Mas, por mais práticos que pareçam, esses são aspectos que ocupam lugar secundário ou terciário entre as razões que levam o escritor exilado a manter os olhos firmemente cravados em seu passado. A explicação principal reside no mecanismo retrospectivo acima mencionado, que se aciona involuntariamente dentro da pessoa ao menor sinal de estranhamento no ambiente. Às vezes basta o formato de uma folha de plátano – e cada plátano tem milhares de folhas. Num nível animal, esse mecanismo retrospectivo está em funcionamento constante num escritor exilado, quase sempre sem que ele o perceba. O passado, agradável ou sombrio, sempre é um território seguro, quando menos porque já é conhecido; e a capacidade da espécie humana de reverter, de retroceder – principalmente em sonhos ou pensamentos, visto que neles geralmente estamos a salvo também – é bem forte em todos nós, qualquer que seja a realidade que estejamos enfrentando. No entanto, esse mecanismo foi instalado dentro de nós não para acalentarmos ou recuperarmos o passado (ao final, não fazemos nem um, nem outro), mas para adiarmos a chegada do presente – em outras palavras, para retardarmos a passagem do tempo. Veja-se a fatídica exclamação do Fausto.

A questão toda de nosso escritor exilado é que ele também, como o Fausto de Goethe, se prende a seu «belo», ou não tão belo, «instante», não para o contemplar, mas para postergar o subsequente. Não que queira voltar a ser jovem; simplesmente não quer que o amanhã chegue, pois sabe que esse amanhã pode modificar o que ele contempla. E quanto mais o amanhã pressiona, mais obstinado ele se torna. Essa obstinação tem enorme valor: com sorte, pode resultar numa intensificação da concentração e assim, na verdade, podemos realizar uma grande obra literária (os leitores e os editores sentem isso e portanto – como já disse – ficam de olho na literatura dos exilados). Na maioria das vezes, porém, essa obstinação se traduz na repetitividade nostálgica, a qual, em termos muito diretos, é pura e simplesmente uma incapacidade de lidar com as realidades do presente ou as incertezas do futuro.

Sem dúvida, é possível ajudar um pouco as coisas modificando o estilo narrativo, tornando-o mais vanguardista, temperando o material com generosas pitadas de erotismo, violência, linguagem chula etc., seguindo a moda dos colegas do livre mercado. Mas as inovações e as mudanças de estilo dependem muito da condição do idioma literário «de lá» da terra de origem, com o qual se cortaram os laços. Quanto ao tempero, um escritor, exilado ou não, nunca quer parecer influenciado por seus contemporâneos. Talvez outra verdade sobre a questão seja que o exílio retarda a evolução estilística do escritor, torna-o mais conservador. O estilo é não tanto o homem, e sim o estado de nervos do homem, e de modo geral o exílio oferece menos estimulantes a seus nervos do que sua terra natal. Cabe acrescentar que essa condição incomoda bastante o escritor exilado, não só porque ele considera a existência em seu país mais genuína do que sua própria existência (por definição, e com todas as consequências decorrentes ou imaginárias para o processo literário normal), mas porque em sua mente existe a suspeita de uma dependência ou uma proporção de tipo pendular entre tais estimulantes e sua língua materna.

Chega-se ao exílio por uma série de razões e sob diversas circunstâncias. Algumas soam melhor, outras pior, mas a diferença deixa de ter qualquer importância quando se lê um necrológio. Na prateleira, seu lugar será ocupado não por você, mas por seu livro. E, na medida em que as pessoas insistem em diferenciar arte e vida, é melhor que julguem sua obra boa e sua vida ruim do que vice-versa. O mais provável, claro, é que ninguém se importe com nenhuma das duas.

A vida no exílio, no estrangeiro, num meio estranho, é essencialmente uma premonição de seu destino em livro, de ficar perdido na prateleira entre aqueles com quem você tem em comum apenas a primeira letra do sobrenome. Aí está você, em alguma sala de leitura de uma biblioteca gigantesca, ainda aberto... Seu leitor pouco se importa com a trajetória que o levou até lá: de certo ponto de vista, tudo o que ele lê se confunde. Para impedir que o feche e o devolva à prateleira, você precisa contar a seu leitor, que pensa conhecer tudo, algo que seja qualitativamente novo sobre ele e sobre o mundo dele. Se isso parece um pouco insinuante demais, que seja, porque insinuação é afinal o nome do jogo e porque às vezes a distância que o exílio instaura entre um autor e seus personagens realmente exige o uso de símbolos astronômicos ou eclesiásticos.

É por isso que «exílio» talvez não seja o termo mais apropriado para descrever a condição de um escritor obrigado (pelo Estado, pelo medo, pela pobreza, pelo tédio) a abandonar seu país. O «exílio» abrange, na melhor das hipóteses, o momento da partida, da expulsão; o que se segue é demasiado confortável e demasiado autônomo para receber esse nome, o qual sugere intensamente uma dor muito compreensível. O próprio fato de estarmos aqui reunidos indica que, se temos realmente um denominador comum, não há nome para ele. Sofremos todos o mesmo grau de desespero, senhoras e senhores? Estamos igualmente separados de nosso público? Residimos todos em Paris? Não, mas o que nos une é nosso destino como livros, o estarmos literal e simbolicamente abertos na mesa ou no chão daquela biblioteca gigantesca em suas várias pontas, para ser pisoteados ou recolhidos por um leitor levemente curioso ou – pior – por um bibliotecário cuidadoso. O material qualitativamente novo que podemos apresentar àquele leitor é essa mentalidade autônoma, como se fosse uma nave espacial que, tenho certeza, visita cada um de nós, mas cujas visitas preferimos omitir na grande maioria das páginas que escrevemos.

Agimos dessa maneira por considerações de ordem prática, por assim dizer, ou de gênero. Porque de um lado está a loucura, ou o grau de frieza mais associado aos nativos fleumáticos que a um exilado de sangue quente. Do outro lado, porém – e muito perto, também – está a banalidade. Tudo isso pode parecer uma mania tipicamente russa de emitir diretrizes para a literatura, enquanto, na verdade, são apenas as reações de um homem que encontra muitos autores exilados – russos, em primeiro lugar – no lado banal da virtude. É um grande desperdício, porque outra verdade sobre a condição que chamamos de exílio é que, com ele, o voo – ou deriva – que seria profissional acelera-se enormemente rumo ao isolamento, rumo a uma perspectiva absoluta: rumo àquela condição em que a única coisa que resta é o próprio indivíduo e sua própria linguagem, sem nada nem ninguém como obstáculo.

O exílio nos conduz, da noite para o dia, àquele lugar que normalmente levaríamos uma vida inteira para alcançar. Se isso parece um anúncio comercial, que seja, é hora de vender essa ideia. Pois eu realmente gostaria de ter mais compradores. Talvez uma metáfora ajude: ser um escritor exilado é como ser um cão ou um homem lançado ao espaço dentro de uma cápsula (mais um cão do que um homem, claro, pois ninguém se dará ao trabalho de reavê-lo). E a cápsula é a língua. Para completar a metáfora, acrescente-se que o tripulante não demora muito para descobrir que a cápsula gravita não rumo à Terra, mas rumo ao espaço sideral.

Para quem tem nossa profissão, a condição que chamamos de exílio é, em primeiro lugar, um fato linguístico: um escritor exilado é lançado ou se recolhe à sua língua materna. De espada, digamos assim, ela converte em seu escudo, em sua cápsula. No exílio, o que havia começado como um caso íntimo e pessoal com a língua transforma-se em destino – antes mesmo que se converta em obsessão ou obrigação. Uma língua viva tem, por definição, propensão e propulsão centrífuga; ela tenta abarcar o maior espaço possível a seu redor – e o máximo de terreno possível. Daí a explosão populacional, daí nossa passagem autônoma para o exterior, para o domínio do telescópio ou da oração.

Em certo sentido, todos nós trabalhamos para um dicionário. Porque a natureza é um dicionário, um compêndio de sentidos para este ou aquele homem, para esta ou aquela experiência. É um dicionário da língua com que a vida fala ao homem. Sua função é impedir que o próximo homem, o que vai chegar, caia numa velha armadilha, ou ajudá-lo a entender que, se mesmo assim cair nessa armadilha, o que o atingiu foi uma tautologia. Assim ele se sentirá menos afetado – em certo sentido, mais livre. Pois saber o sentido dos termos da vida, do que está acontecendo a você, é libertador. Creio que a condição chamada exílio precisa de uma explicação mais completa; famosa por sua dor, essa condição também deveria ser conhecida por sua infinitude amortecedora da dor, por sua capacidade de esquecimento, de distanciamento, de indiferença, por seus aterradores panoramas humanos e inumanos para os quais não temos nenhum critério de medida, a não ser nós mesmos.

Se não podemos torná-la mais segura, deveríamos torná-la mais fácil para o próximo homem. E a única maneira de torná-la mais fácil, menos amedrontadora, é dar o melhor de si – isto é, o máximo que nós mesmos conseguimos. Podemos discutir nossas responsabilidades e lealdades (em relação a nossos contemporâneos, à nossa terra natal, à terra alheia, a culturas, a tradições etc.) *ad infinitum*, mas essa responsabilidade, ou, melhor dizendo, essa oportunidade de tornar o homem seguinte – por mais hipotético que ele ou suas necessidades possam ser – um pouco mais livre não deveria ser objeto de hesitação. Se tudo isso parece a vocês um pouco abstrato e humanista demais, peço desculpas. Na verdade, mais que humanista é determinista, embora não devêssemos nos incomodar com tais sutilezas. A única coisa que estou tentando dizer é que, tendo oportunidade, bem que podemos deixar de ser apenas os efeitos resultantes na grande cadeia causal das coisas e tentar agir nas causas. A condição que chamamos de exílio oferece justamente esse tipo de oportunidade.

Mas, se não aproveitamos tal oportunidade, se decidimos continuar como efeitos e agir no exílio de maneira mais antiquada, nem por isso se deve descartar sumariamente tal reação, classificando-a como *nostalgie de la boue*. Evidentemente, ela tem a ver com a necessidade de falar sobre a opressão, e é claro que nossa condição deve servir de advertência a qualquer ser pensante que brinque com a ideia de uma sociedade ideal. Este é nosso valor para o mundo livre. Esta é nossa função.

Mas talvez nosso maior valor e nossa maior função consistam em sermos encarnações involuntárias da desalentadora ideia de que um homem libertado não é um homem livre, de que a libertação é apenas o meio de alcançar a liberdade, mas não seu sinônimo. Isso mostra bem a extensão do dano que se pode causar à espécie, e podemos nos sentir orgulhosos de desempenhar tal papel. No entanto, se quisermos desempenhar um papel maior, o papel de um homem livre, então deveremos ser capazes de aceitar – ou pelo menos imitar – a maneira como um homem livre fracassa. Um homem livre, quando fracassa, não culpa ninguém.

Discurso pronunciado em Estocolmo, diante dos membros da Academia Sueca, em ocasião da atribuição do Prêmio Nobel de literatura, em 1987.

«Uma face incomum»

I

Para alguém tão discreto, que sempre preferiu sua privacidade a qualquer papel de relevância social, indo inclusive bem longe nessa sua preferência – longe de sua pátria mãe, para dizer o mínimo, visto que é melhor fracassar na democracia que ser um mártir ou a cereja do bolo em uma tirania –, para alguém assim, é um tanto desconfortável encontrar-se neste palco de forma tão súbita.

Esse sentimento é agravado não por imaginar todos aqueles que já estiveram aqui antes de mim, mas pela lembrança daqueles que não tiveram essa mesma honra de se expressar *urbi et orbi*, como dizem, em tal palco, e cujo silêncio acumulado ao longo dos anos clama, sem sucesso, por ser extravasado por meio deste que vos fala.

A única coisa que poderia resolver tal situação é o simples entendimento de que – por razões de estilo, primeiramente – um escritor não pode se expressar no lugar de outro, principalmente um poeta no lugar de outro; se Osip Mandelstam, Marina Tsvetaeva, Robert Frost, Anna Akhmátova ou Wystan Auden estivessem aqui, não deixariam de falar por si mesmos, e também eles, possivelmente, se sentiriam de alguma forma desconfortáveis.

Essas sombras me perturbam constantemente; e me perturbam hoje também. Em todo caso, certamente não encorajam a minha eloquência. Em meus momentos mais inspirados, considero-me como sendo a soma delas, mesmo que invariavelmente eu seja inferior a cada um deles no plano individual. Porque não é possível ser melhor que eles nas páginas; nem muito menos ser melhor que eles na vida. E é precisamente a vida deles, não importa quão trágica ou amarga possa ter sido, que frequentemente me leva – mais frequentemente do que talvez fosse o caso – a me ressentir da passagem do tempo. Se há outra vida além – e não posso negar a eles a possibilidade da vida eterna mais do que poderia esquecer sua passagem por aqui –, se há mesmo outra vida além, eles vão, espero eu, perdoar a mim e à qualidade do que estou prestes a proferir: afinal, não é a conduta no pódio que dá a medida da nossa dignidade profissional.

Eu mencionei somente cinco deles, aqueles cujos feitos e conteúdo me importam muito, pois, não fossem por eles, eu, tanto como homem quanto como escritor, teria chegado a muito menos; trocando em miúdos, a verdade é que não estaria aqui hoje. Havia mais dessas sombras – ou melhor, fontes de luz: lampiões? estrelas? –, naturalmente mais do que somente cinco. E cada uma delas consegue me deixar totalmente sem palavras. Elas são substanciais na vida de qualquer homem de letras; em meu caso, duplamente, graças às duas culturas a que o destino quis que eu pertencesse. As coisas não ficam mais fáceis quando penso em meus amigos escritores e contemporâneos das duas culturas, poetas e ficcionistas cujos dons classifico acima dos meus, e os quais, se estivessem agora neste mesmo palco, já teriam encontrado o fio da meada há muito tempo, uma vez que teriam muito mais a dizer ao mundo que eu.

Eu me permitirei, pois, fazer algumas observações aqui – desconectadas, talvez atabalhoadas ou mesmo desconcertantes em virtude de seu acaso. No entanto, o tempo que me foi alocado para reunir meus pensamentos, assim como minha profissão, irão, ou poderão, espero eu, me blindar, ao menos parcialmente, contra acusações de ser caótico. Um homem que faz o que faço da vida raramente alega ter um modo sistemático de pensamento; na pior das hipóteses, alega ter um sistema – mas mesmo esse dito «sistema» foi emprestado do meio, da ordem social ou da busca pela filosofia na tenra idade. Nada convence mais o artista da arbitrariedade dos meios a que ele recorre na perseguição de um objetivo – não importa quão permanente possa ser – do que o processo criativo por si só, o processo de composição. O verso realmente brota, nas palavras de Akhmátova, do lixo; as raízes da prosa tampouco são mais honráveis.

II

Se a arte ensina alguma coisa (ao artista, em primeiro lugar), é a particularidade da condição humana. Sendo a forma mais literal e mais antiga de iniciativa pessoal, ela desenvolve no homem, conscientemente ou não, um senso de singularidade, de individualidade, de isolamento – assim, o transforma de um animal político em um «Eu» autônomo. Muitas coisas podem ser compartilhadas: uma cama, um pedaço de pão, convicções, uma amante; mas não um poema de Rainer Maria Rilke, por exemplo. Uma obra de arte, principalmente de literatura, e a poesia em específico, fala diretamente com a pessoa, criando uma relação sem nenhum intermediário.

É por essa razão que a arte em geral, principalmente a literatura, e a poesia em específico, não é favorecida pelos arautos do bem comum, mestres da massa, pregadores da necessidade histórica. Pois aí onde a arte fincou pé, onde um poema foi lido, eles descobrem que, no lugar de um consenso e de uma unanimidade previstos, há somente indiferença e polifonia; no lugar da determinação de agir, desatenção e fadiga. Em outras palavras, nos pequenos zeros com os quais os arautos do bem comum e os governantes das massas tendem a lidar, a arte apresenta um «ponto, ponto, vírgula e um sinal de menos», transformando cada zero em um minúsculo rosto humano, talvez não sempre gracioso, mas humano.

O grande Baratynsky, falando sobre sua musa, caracterizou-a como dona de uma «face incomum». É na aquisição dessa «face incomum» que o significado da existência humana parece residir, uma vez que fomos preparados geneticamente para essa anormalidade. Independente de alguém ser escritor ou leitor, sua tarefa consiste, em primeiro lugar, em dominar sua própria vida, sem a imposição e prescrição de terceiros, não importando quão nobre esse receituário possa parecer. Pois para cada um de nós se oferece uma única vida, e sabemos muito bem como isso tudo termina. Seria uma pena desperdiçar uma vida com as receitas, os conselhos e as tautologias de outra pessoa – uma pena ainda maior se tais diretrizes provierem da boca de um profeta da suposta necessidade histórica, cujas chamadas podem compelir um homem a abraçar de bom grado tal tautologia, mas que, no fim, não descerá à cova junto com ele, quando muito lhe dispensará um «obrigado».

A linguagem e, supostamente, a literatura são mais antigas e inevitáveis, além de mais duráveis, que qualquer forma de organização social. A repulsa, a ironia ou a indiferença muitas vezes reservadas pela literatura ao Estado são essencialmente uma reação do permanente, ou melhor, do infinito, contra o temporário, contra o finito. Para dizer o mínimo, se o Estado se permite interferir nos problemas da literatura, a literatura tem o direito de interferir nos problemas do Estado. Um sistema político, uma forma de organização social, assim como todo o sistema em geral é, por definição, uma forma do passado que aspira a se impor sobre o presente (e, por vezes, sobre o futuro também); e o homem cuja profissão é a linguagem é o último que pode se dar ao luxo de se esquecer disso. O verdadeiro perigo para o escritor não é bem a possibilidade (e muitas vezes a certeza) de perseguição por parte do Estado: é a possibilidade de se encontrar enfeitiçado pelas qualidades desse mesmo Estado, as quais, monstruosas ou progressistas, são sempre temporárias.

A filosofia do Estado, sua ética – nem tanto sua estética – são sempre de ontem. A linguagem e a literatura são sempre de hoje, e com frequência – especialmente onde o sistema político é ortodoxo – podem até mesmo constituir o amanhã. Um dos méritos da literatura é precisamente o fato de ajudar uma pessoa a tornar sua existência mais única, para se diferenciar da multidão de seus predecessores, saindo da condição de mera estatística, e, portanto, evitando a tautologia – ou seja, rechaçando o termo honorável de «vítima da história». O que torna notável a arte em geral, e a literatura em específico, e o que as diferencia da vida é precisamente o fato de elas abominarem a repetição. No dia a dia vocês podem contar a mesma piada três vezes e nas três vezes arrancar risadas, tornando-se a alma da festa. Na arte, contudo, esse tipo de conduta é chamado de «clichê».

A arte é uma arma de pequeno alcance, e seu desenvolvimento não é determinado pela individualidade do artista, mas pela dinâmica e pela lógica do material mesmo, pelo destino prévio dos meios exigidos (ou sugeridos) por todas as novas soluções estéticas. Possuindo sua própria genealogia, dinâmica, lógica e futuro, a arte não é sinônimo de história, constituindo-se, no máximo, como um paralelo a ela; e sua maneira de se perpetuar é pela criação contínua de uma nova estética da realidade. É por isso que muitas vezes ela se encontra «à frente do progresso», à frente da história, cujo principal instrumento é – caso não avancemos, mais uma vez, sobre as teorias de Marx – exatamente o clichê.

Hoje, uma visão bem difundida postula que em seu trabalho um escritor, e em específico um poeta, deveria usar a língua das ruas, a linguagem do povo. Com toda sua aparência democrática, além de suas vantagens palpáveis para o escritor, essa teoria é absurda e representa uma tentativa de subordinar a arte – no caso, a literatura – à história. Somente se decidíssemos que a raça humana deve estancar seu desenvolvimento é que seria o caso de a literatura falar a língua do povo. Na verdade, o povo é que deveria falar a língua da literatura.

Em suma, cada nova realidade estética deixa a realidade ética do homem mais precisa, dado que a estética é mãe da ética; as categorias de bom e mau são, primeiramente e acima de tudo, categorias estéticas, ao menos antecedendo etimologicamente as categorias de bem e mal. Se na ética «nem tudo é permitido», é exatamente porque «nem tudo é permitido» na estética, posto que o número de cores do espectro tem um limite. O bebê delicado que chora e rejeita o estranho, ou a pessoa que, por outro lado, o procura, fazem-no de maneira instintiva, valendo-se de uma escolha estética, não moral.

A escolha estética é altamente individual, e a experiência estética é sempre particular. Cada nova realidade estética deixa nossa experiência ainda mais particular; e esse tipo de particularidade, assumindo algumas vezes o disfarce de gosto literário (ou algum outro), pode por si só se transformar, se não em uma garantia, em uma forma de defesa contra a escravidão. Um homem com bom gosto, especialmente literário, é menos suscetível aos encantos e amarras de qualquer versão da demagogia política. O ponto, aqui, não é que a virtude constitui uma garantia para a criação de uma obra de arte, mas sim que o mal, principalmente o mal político, é sempre um péssimo estilista. Quanto mais substancial é a experiência estética de um indivíduo, mais sólido é seu gosto, mais afiado é seu foco moral, portanto, mais livre ele é, mesmo que não seja necessariamente mais feliz.

É precisamente nesse sentido aplicado, mais que no platônico, que devemos entender a observação de Dostoiévski de que a beleza salvará o mundo; ou a crença de Matthew Arnold de que seremos salvos pela poesia. Talvez seja tarde demais para o mundo, mas, para o indivíduo, sempre resta uma chance. Um instinto estético se desenvolve no homem um tanto quanto rapidamente, já que, mesmo sem perceber totalmente quem ele é e o que quer realmente, sabe instintivamente do que não gosta e o que não lhe cai bem. Em um sentido antropológico, permita-me reiterar, o ser humano é uma criatura estética antes de ética. Sendo assim, não é que a arte, em específico a literatura, seja um subproduto da evolução da espécie, mas justamente o contrário.

O que nos distingue de outros membros do reino animal é a fala, portanto a literatura – e a poesia em específico, como a mais alta forma de locução – é, colocando de forma direta, o objetivo de nossa espécie.

Estou longe de sugerir a ideia de uma formação compulsória em composição de versos; entretanto, a subdivisão da sociedade em *intelligentsia* e «todo o resto» me parece inaceitável. Em termos morais, essa situação é comparável com a subdivisão da sociedade entre ricos e pobres; mas, se ainda é possível encontrar alguma razão puramente física ou material para a existência da desigualdade, para a disparidade intelectual ela é inconcebível. Nesse quesito, diferente de todas as outras áreas, a igualdade foi garantida pela natureza a todos. Não me refiro à educação, mas à educação para o discurso, no qual a menor das imprecisões pode provocar uma escolha equivocada na vida de alguém.

A existência da literatura prefigura em si a existência de respeito – e não somente no sentido moral, mas no léxico também. Se uma peça musical ainda permite a alguém a possibilidade de escolher entre o papel passivo de ouvinte e o ativo de intérprete, um trabalho de literatura – da arte que é, usando a frase de Montale, extremamente semântica – relega-o unicamente ao papel de intérprete.

Parece-me que a pessoa deveria aparecer mais vezes nesse papel que em outros. Além do mais, acho que, como consequência da explosão demográfica e a consequente e sempre crescente atomização da sociedade (isto é, o sempre crescente isolamento do indivíduo), esse papel se torna cada vez mais inevitável para uma pessoa. Eu não suponho saber mais que nenhum contemporâneo meu, mas tenho a impressão de que, na capacidade de interlocutor, um livro é mais confiável que um amigo ou um amante. Um romance, ou um poema, não é um monólogo, é uma conversa entre o escritor e o leitor, uma conversa, repito, deveras privada, da qual se exclui todo o resto do mundo – se preferir: mutualmente misantrópico. E no momento dessa conversa um escritor é igual a um leitor, a mesma coisa no sentido contrário, independente de o autor ser ou não renomado. Essa igualdade é a igualdade da consciência. Ela acompanha a pessoa pelo resto da vida na forma de memória, turva ou nítida; e, mais cedo ou mais tarde, apropriadamente ou não, condiciona a conduta da pessoa. É exatamente isso o que quero dizer ao falar do papel do intérprete, o mais natural para ele, porque o romance ou o poema é o produto de uma solidão mútua – do autor ou do leitor.

Na história de nossa espécie, na história do *Homo sapiens*, o livro é um desenvolvimento antropológico, parecido essencialmente à invenção da roda. Tendo emergido para nos dar não uma ideia de nossa origem, mas uma noção de tudo aquilo de que somos capazes, um livro constitui um meio de transporte pelo espaço da experiência, na velocidade do passar de uma página. Esse movimento, como qualquer outro, torna-se um voo desde o denominador comum, desde uma tentativa de elevar a linha desse denominador comum, que antes nunca havia passado além do baixo ventre, até nosso coração, até nossa consciência, até nossa imaginação. É um voo na direção de nossa «face anormal», na direção do numerador, da autonomia, da particularidade. Independente da imagem à qual somos criados, já existem mais de cinco bilhões de nós, e para um ser humano não há outro futuro senão aquele esboçado pela arte. Do contrário, o que se apresenta à frente é o passado – o passado político, em primeiro lugar, com todos os seus entretenimentos policiais de massa.

Em qualquer circunstância, a condição de que em uma sociedade a arte, e a literatura em específico, seja propriedade ou prerrogativa de uma minoria parece-me perniciosa e perigosa. Não apelo, aqui, à substituição do Estado por uma biblioteca – embora esse pensamento tenha me ocorrido algumas vezes. Mas não tenho dúvida de que, se houvéssemos escolhido nossos líderes tomando como base suas experiências de leitura, e não seus programas políticos, haveria bem menos sofrimento no mundo. Parece-me que o mestre em potencial de nossos destinos deveria ser inquirido, primeiramente, não em relação ao que ele imagina que deveria ser o curso de sua política externa, mas quanto às obras de Stendhal, Dickens, Dostoiévski. Como o conjunto total da literatura abarca a diversidade e a perversidade humanas, é razoável inferir que acaba sendo um antídoto confiável para qualquer tentativa – seja conhecida ou ainda a ser inventada – de se perpetrar uma solução total e de massa para os problemas da existência humana. Como uma forma de garantia moral pelo menos, a literatura é muito mais confiável que um sistema de crenças ou uma doutrina filosófica.

Como não há leis que possam nos proteger de nós mesmos, nenhum código penal é capaz de prevenir um verdadeiro crime contra a literatura; apesar de podermos impedir ameaças materiais a ela – como a perseguição de escritores, atos de censura, a queima de livros –, não temos poder algum em relação à pior das violações: a de não ler livros. Por esse crime paga-se por toda a vida; quando o violador é uma nação, ela paga com sua história. Morando no país em que vivo, nada mais natural que acreditar que há, de fato, uma dependência entre o bem-estar material de uma pessoa e sua ignorância literária. Mas o que me impede de acreditar nisso é a história do país onde nasci e cresci. Pois, reduzindo-a a uma causa-efeito básica, uma fórmula simples, a tragédia russa é precisamente a tragédia de uma sociedade na qual a literatura acabou sendo a prerrogativa de uma minoria: a tão celebrada *intelligentsia* russa.

Não desejo me estender nesse assunto, não quero estragar esta noite com pensamentos acerca das dezenas de milhões de vidas humanas destruídas, visto que o que sucedeu na Rússia na primeira metade do século XX se deu anteriormente à introdução das armas automáticas – em nome do triunfo da doutrina política cuja insanidade já se manifesta no fato de ela demandar sacrifícios humanos para sua realização. Somente direi que acredito – não de forma empírica, infelizmente, mas só teoricamente – que, para alguém que leu muito Dickens, atirar em seu próximo em nome de alguma ideia é mais problemático que para alguém que não o leu. E estou falando exatamente sobre ler Dickens, Sterne, Stendhal, Dostoiévski, Flaubert, Balzac, Melville, Proust, Musil, e por aí vai; refiro-me à literatura, não à alfabetização e à educação.

Uma pessoa culta e educada, cabe apontar, é perfeitamente capaz de, após ler um tratado político, atirar em seu igual e até experimentar no ato um arroubo de convicção. Lênin era culto, Stálin era culto, assim como o era Hitler; Mao Tsé-Tung até escrevia versos. O que todos esses homens tinham em comum, entretanto, era que a sua lista de vítimas era infinitamente maior que a lista de leitura. No entanto, antes de passar para a poesia, gostaria de acrescentar que faria sentido considerar a experiência russa como um aviso, simplesmente porque a estrutura social do Ocidente até agora é, em suma, análoga à da Rússia antes de 1917. (Isso, a propósito, é o que explica a popularidade no Ocidente dos romances psicológicos russos do século XIX, assim como a relativa falta de sucesso da prosa russa contemporânea. As relações sociais que emergiram na Rússia no século XX parecem ser não menos exóticas ao leitor que os nomes dos personagens, o que o impede de se identificar com eles.) Por exemplo, o número de partidos políticos às vésperas do golpe de 1917 não era menor que o que vemos hoje nos Estados Unidos ou no Reino Unido. Em outras palavras, um observador neutro pode perceber que, em certo sentido, o século XIX ainda está se desdobrando no Ocidente, ao passo que na Rússia já chegou ao fim; e, se digo que terminou em tragédia, é porque, em primeiro lugar, por conta de inúmeras vidas perdidas ao longo dessa mudança social – ou cronológica. Em uma tragédia real não é o herói que morre, é o coro inteiro.

III

Mesmo que para um russo nativo falar sobre o mal político seja natural como a digestão, eu gostaria agora de mudar de assunto. O problema dos discursos sobre o óbvio é que eles corrompem a consciência com a facilidade e a rapidez que nos levam a um conforto moral, àquela sensação de estar certo. É aí que se encontra sua tentação, similar em sua natureza à tentação do reformador social que engendra o mal político. A percepção, ou melhor dizendo, a compreensão dessa tentação, e sua rejeição, talvez seja responsável, em certa medida, pelo destino de muitos dos meus contemporâneos; responsável pela literatura que emergiu de suas penas. Essa literatura não foi uma fuga da história nem um amortecimento da memória, como deve parecer de fora. «Como alguém pode compor uma música depois de Auschwitz?», indagou Adorno; alguém familiarizado com a história russa pode repetir a mesma pergunta apenas trocando o nome do campo, e talvez repeti-la com uma justificativa ainda maior, visto que o número de pessoas que pereceram nos campos de Stálin ultrapassa sobremaneira o de vítimas dos campos alemães. «E como você consegue almoçar?», replicou o poeta americano Mark Strand. De qualquer forma, a geração à qual pertenço foi capaz de compor aquela música.

Aquela geração – a geração nascida exatamente na época em que os crematórios de Auschwitz funcionavam a todo vapor, quando Stálin estava no auge de sua divindade, o poder absoluto, que parecia apoiado pela própria mãe natureza – veio ao mundo, aparentemente, para continuar o que, em tese, devia ter sido interrompido por tais crematórios e pelas covas anônimas espalhadas pelo arquipélago de Stálin. O fato de que nem tudo foi interrompido, pelo menos não na Rússia, pode ser creditado em menor grau à minha geração, e não estou menos orgulhoso de pertencer a ela do que de estar aqui agora. E o fato de eu estar aqui é um reconhecimento do serviço prestado por essa geração à cultura; resgatando uma frase de Mandelstam, acrescentaria eu, para a cultura mundial. Olhando para trás, posso dizer novamente que estávamos começando de um lugar vazio – realmente, era um local acima de tudo desperdiçado –, e isso, intuitivamente, mais que conscientemente, foi uma aspiração no sentido de recriar o efeito da continuidade cultural, reconstruindo as suas formas e as suas figuras, preenchendo as suas poucas formas remanescentes, frequentemente totalmente comprometidas, com um nosso conteúdo pessoal, contemporâneo, com um conteúdo novo ou que ao menos nos pareciam ser novos.

Existia, supostamente, outro caminho: o caminho de maior deformação, a poesia das ruínas e dos escombros, do minimalismo, da respiração sufocada. Se o rejeitamos, não foi de maneira alguma por acharmos que era o caminho da autodramatização, ou porque estivéssemos animados pela ideia de preservar a nobreza hereditária das formas de cultura que conhecíamos – formas equivalentes, em nossa consciência, às da dignidade humana. Nós o rejeitamos porque, na verdade, a escolha não era nossa, e sim da própria cultura – e essa escolha, novamente, era mais estética que moral.

É natural que na busca da certeza uma pessoa se perceba não como um instrumento da cultura, mas, ao contrário, como seu criador e guardião. Mas se hoje assevero o oposto, não é por estarmos no fim do século XX e haver certo charme em parafrasear Plotino, Lord Shaftesbury, Schelling ou Novalis. Mas porque, assim como nenhum outro, um poeta sabe que aquilo que em vernáculo é chamado de voz da musa é, na realidade, um comando da linguagem; que não é que a língua seja um instrumento, mas que ele, o poeta, é o meio de a língua perpetuar sua existência. A linguagem, entretanto, mesmo que alguém a imagine como certa criatura animada (e seria mais do que justo reconhecê-la como tal), não é capaz de fazer uma escolha ética.

Uma pessoa começa a escrever um poema por várias razões: para conquistar o amor de sua amada; para expressar sua atitude em relação à realidade à sua volta, seja ela uma paisagem ou um Estado; para transmitir seu estado mental em determinado instante; para deixar – como ele imagina no momento – sua marca na Terra. Recorre a essa forma – o poema – muito provavelmente por razões imitativas inconscientes: o coágulo vertical negro de palavras no papel branco supostamente a remete à sua própria situação no momento, ao equilíbrio entre espaço e corpo. Mas independente do motivo pelo qual ela pega a caneta, e independente do efeito que é produzido por essa caneta em seu público – seja grande ou pequeno –, a consequência imediata dessa empreitada é a sensação de entrar em contato direto com a linguagem, ou, mais precisamente, a sensação de cair imediatamente em sua dependência, em tudo que já foi proferido, escrito e alcançado com ela.

Essa dependência é absoluta, despótica; mas ela também liberta. Por ser sempre mais velha que o escritor, a linguagem ainda possui uma energia centrífuga colossal injetada por seu potencial temporal – quer dizer, por todo o tempo que se descortina à sua frente. E esse potencial é determinado não tanto pelo corpo quantitativo da nação que a pronuncia (apesar de ser determinada por isso também), e sim pela qualidade do poema escrito nela. Bastará relembrar os autores gregos e romanos da Antiguidade; bastará relembrar Dante. E o que está sendo criado hoje em russo e inglês, por exemplo, assegura a existência dessas línguas pelo transcorrer do próximo milênio. O poeta, desejo repetir, é o meio que a linguagem tem para existir – ou, como disse meu amado Auden, é a pessoa por meio do qual ela vive. Eu que escrevo estas linhas deixarei de existir; assim como vocês também deixarão. Mas a linguagem com a qual são escritas e na qual vocês as leem seguirá, não somente porque a linguagem é mais duradoura que o homem, mas também porque mais do que ele é capaz de mutação.

Aquele que escreve um poema, no entanto, escreve-o não porque almeja fama e posteridade, apesar de muitas vezes esperar que um poema sobreviva a ele, nem que seja brevemente. Aquele que escreve poema o escreve porque a linguagem o impele, ou simplesmente o manda, para a próxima linha. Ao começar um poema, o poeta via de regra não sabe o que vem adiante, e algumas vezes ele fica bastante surpreso com o jeito como as coisas se dão, visto que frequentemente acabam saindo melhor do que ele esperava, e seus pensamentos carregam mais coisas do que ele achava. E esse é o momento em que o futuro da linguagem invade seu presente.

Há, como sabemos, três modos de cognição: analítico, intuitivo e o que era conhecido pelos profetas bíblicos, a revelação. O que diferencia a poesia de outras formas de literatura é que ela faz uso de todos ao mesmo tempo (gravitando primeiramente entre o segundo e o terceiro), uma vez que todos estão presentes na linguagem. Há momentos em que por meio de uma única palavra, uma única rima, o escritor de um poema encontra uma forma de chegar onde ninguém nunca esteve antes, ou ainda, onde nem ele esperava chegar um dia. Aquele que escreve um poema o faz, acima de tudo, porque escrever versos é um extraordinário acelerador da consciência, do pensamento, da compreensão do universo. Aquele que experimenta essa aceleração uma vez não consegue mais abandonar a chance de repetir essa experiência, caindo na dependência do processo, como outros o fazem com drogas e álcool. Aquele que se encontra nesse tipo de dependência da linguagem é, acredito eu, o que chamamos de poeta.

É chamado «discurso de aceitação» o discurso que os vencedores do Prêmio Nobel proferem durante um almoço na sede do município de Estocolmo.

Joseph Brodsky

Discurso de aceitação

Sua Majestade, senhoras e senhores,

Eu nasci e cresci do outro lado do Báltico, praticamente sobre suas páginas cinza murmurantes. Às vezes, nos dias mais claros, principalmente no outono, em alguma praia de Kellomaki, um amigo apontava o dedo para noroeste e dizia: está vendo aquele pedaço de terra ali? É a Suécia.

Ele estava brincando, logicamente: o ângulo estava errado, porque, de acordo com a lei da óptica, um olho humano pode enxergar somente cerca de trinta mil metros em espaço aberto. O espaço, contudo, não era aberto.

No entanto, alegra-me pensar senhoras e senhores, que respirávamos o mesmo ar, que comíamos a mesma carne, que nos encharcávamos com a mesma – algumas vezes – chuva radioativa, que nadávamos

no mesmo mar, que nos entediáva-
mos com o mesmo tipo de conífera.

Dependendo do vento, as nu-
vens que eu via de minha janela já
haviam sido vistas por vocês, ou vice-versa. Alegra-me pensar que ti-
vemos coisas em comum antes de
adentrarmos esta sala.

No que diz respeito a esta sala,
acho que ela estava vazia há algumas horas e estará vazia novamente daqui a algumas horas.
Nossa presença nela, especialmente
a minha, não é nada demais do
ponto de vista de suas paredes.
Em suma, do ponto de vista do
espaço, a presença de qualquer um
aqui é secundária, a menos que se
possua uma característica – e normalmente inanimada – de paisagem
permanente, como uma moreia, ou
digamos, como o topo de um morro
ou mesmo uma curva de rio. E é o
surgimento de alguma coisa ou alguém de forma súbita, no espaço já
acostumado com seus traços, que
cria a sensação de ocasião.

Ao ser grato pela decisão de vocês de me outorgar o Prêmio Nobel de literatura, sou essencialmente grato por concederem ao meu trabalho um aspecto de permanência, de escombros de geleiras, por assim dizer, na vasta paisagem da literatura.

Tenho plena consciência do perigo escondido nesse sorriso: frieza, inutilidade, erosão eventual ou rápida. Contudo, se contém um único veio de minério animado – assim como, em minha vaidade, acredito que contenha –, então esse sorriso seja talvez prudente.

Falando em prudência, gostaria de acrescentar que, segundo os registros da história, o público de poesia raramente chegou a mais de 1% de toda a população. É por isso que poetas da Antiguidade ou da Renascença orbitavam as cortes, residências do poder; é por isso que hoje em dia eles se debandam para as universidades, residências do saber. A academia de vocês parece ser um cruzamento entre os dois;

e, se no futuro – então livre de nós mesmos – esse 1% for mantido, será, sem exagero, devido aos esforços de vocês. Caso isso lhes pareça uma visão turva do futuro, espero que pensar na explosão demográfica possa, de alguma forma, alçar seu espírito. Mesmo um quarto desse 1% significará muitos leitores, inclusive nos dias de hoje.

Sendo assim, minha gratidão a vocês, senhoras e senhores, não é totalmente egoísta. Sou grato a vocês por aqueles que lerão mais poesia graças à sua decisão, hoje e amanhã. Não tenho certeza absoluta de que o homem prevalecerá, como uma vez disse aquele grande americano e colega, creio eu, neste mesmo salão; mas acredito piamente que um homem que lê poesia tem mais chances de prevalecer que um que não lê.

Sem dúvida, é um caminho dos diabos de Petersburgo a Estocolmo; mas para um homem que faz o que faço, a noção de uma linha reta como sendo a menor distância entre dois pontos perdeu sua atração há muito tempo. Portanto, alegra-me descobrir que a geografia, por sua vez, também é capaz de fazer justiça poética.

Obrigado!

Biblioteca Âyiné

1 Por que o liberalismo
fracassou?
Patrick J. Deneen

2 Contra o ódio
Carolin Emcke

3 Reflexões sobre as
causas da liberdade
e da opressão social
Simone Weil

4 Onde foram parar
os intelectuais?
Enzo Traverso

5 A língua de Trump
Bérengère Viennot

6 O liberalismo
em retirada
Edward Luce

7 A voz da
educação liberal
Michael Oakeshott

8 Pela supressão dos
partidos políticos
Simone Weil

9 Direita e esquerda
na literatura
Alfonso Berardinelli

10 Diagnóstico e
destino
Vittorio Lingiardi

11 A piada judaica
Devorah Baum

12 A política
do impossível
Stig Dagerman

13 Confissões de
um herético
Roger Scruton

14 Contra Sainte-Beuve
Marcel Proust

15 Pró ou contra
a bomba atômica
Elsa Morante

16 Que paraíso é esse?
Francesca Borri

17 Sobre a França
Emil Cioran

18 A matemática
é política
Chiara Valerio

19 Em defesa do fervor
Adam Zagajewski

20 Aqueles que
queimam livros
George Steiner

21 Instruções para se
tornar um fascista
Michela Murgia

22 Ler e escrever
V. S. Naipaul

23 Instruções para
os criados
Jonathan Swift

24 Pensamentos
Giacomo Leopardi

25 O poeta e o tempo
Marina Tsvetáeva

26 O complô no poder
Donatella Di Cesare

27 Sobre o exílio
Joseph Brodsky

28 Uma mensagem
para o século XXI
Isaiah Berlin

Composto com a tipografia
Mrs Eaves XL, desenhada
por Zuzana Licko em 2009.
Belo Horizonte, 2023.